Du und Ich

Mutter - Tochter

Jahrgang 1929 / 1953

2. Auflage, Dezember 2014
Herstellung und Verlag: BoD - Books on Demand,
Norderstedt
ISBN 978-3-7322-9510-4

Christel Maneth

Du und Ich

Mutter - Tochter

Jahrgang 1929 / 1953

„Ich werde am Du;
Ich werdend spreche ich Du."

Martin Buber

1. Wiederkehr

Heimkehr 1

Dies ist der Garten und
dies ist das Haus das
offene Hoftor -
alles wie früher

Aber ein blinkendes Rotlicht grüßt
frech vom nächtlichen Himmel
die neue Müllverbrennungsanlage
zwinkert mir zweideutig zu:

Willkommen daheim
im Milieu!

Heimkehr 2

rasen decken immer grün
gemüse beete
meiner Mutter

stoffe dämmen effektiv
haus wände
meines Vaters

fenster lassen sprossen los
sonnen lichter bahnen
in mein zimmer

mir bleibt nur die
dunkle Erinnerung

Heimkehr 3

„Aber, das ist ja die…!"

Unsicher in die gealterten
Gesichter der Nachbarn blicken

Sich fragen: seid ihr's wirklich? -

Und zweifeln: Will ich eine sein
die erkannt werden wird?

Aber wer glaubt sich…

Wer glaubt
sich an mich zu erinnern
zu wissen wer ich war…
…oder bin angesichts
schlecht gelegter Falten
eingesackter Augen und
halbnackter Kopfhaut
gemartert vom Leben:
wer glaubt sich da…?!

Heimkehr 4

Was, schon tot?
Erinnerungen treten aus den Kulissen
beleben für einen Moment die Bühne
und treten ab.
Schon tot!
Ich bin der letzte Zuschauer
im Saal -
Wie lange noch?

Perspektiven

Blick auf Hausdächer, rot oder grau
Biberschwanzziegel oder?
Egal, ob nach hinten nach vorn
Derselbe Ausblick

Ich hab' es gewusst

Zog fort zu den Bergen weißblau
Wendelstein oder?
Egal, ewige Gipfel, Grate nach vorn
Einseitiger Ausblick

Vor mir die Grenzen

Die Alternative atlantisches Meer
Le plat pays, oder?
Egal, Melancholie der Ferne und Sterne
Haltloser Ausblick

im Wechsel der Gezeiten.

Erinnerung

Wer hat sie nicht
Die guten Momente
In der Tasche

Die allerdings liegengeblieben ist
Im Laufe des Lebens
Wie der eine oder andere
Gegenstand

Auf der Reise
Mit möglichst wenig Gepäck
Plötzlich ist sie wieder da

Die Farben blasser
Bucklig die Ränder
Viel passt nicht mehr hinein.

Trauer

Wenn alle wieder da wären
Und alles wieder wäre wie früher
Einen Tag noch einmal
Sehen die lieben Gesichter
    Euch jetzt sagen, wie sehr
    Und wie schön
    Und dass doch…
Wenn alle wieder da wären
Und alles wieder wäre wie früher
Eine Stunde noch einmal
Hören die vertrauten Stimmen
    Euch jetzt sagen, wie viel
    Und wie oft
    Und dass ihr doch…
Wenn alle wieder da wären
Und alles wieder wäre wie früher
Eine Sekunde noch einmal
Spüren den Druck eurer Hände
    Euch jetzt festhalten
    Euch halten
    Dass nie - - nie - -

Strukturwandel

Das Kind ging früher
mit blecherner Milchkanne
zum Röck oder Schmelcher,
da gab es das meiste
später zum Konsum
schon Selbstbedienung
Heute posiert dort Norma
Es folgten Tedi
Netto und Kik

Herr Röck ist gestorben
und Schmelcher gab auf
Das wusste ich noch

Teuer war damals
das Häubchen Sahne
Fünf Pfennig Belohnung
der Fußweg war lang

Auf Milchglasscheiben
steht heute „Hundesalon"
Die Rentner halten sich Tiere

Tedi und Kik gähnen leer
bunten Plunder nach draußen
Alte kaufen nicht gern
Made in China
und werfen so schnell
auch nichts weg.

Misslungen

Wo einst die Felder lagen, steht itzund Haus an Haus
Wo einst die Blumen blühten, liegt itzund Stein auf
    Stein
Wo einst die Vögel sangen, dröhnt heut Verkehrs-
    gebraus
Wo einst die Kinder spielten, muss itzund Ruhe sein.

Was frommt uns alles dies, die wir nicht ewig bleiben
Und unerfüllt als Fremde dies Leben hier durcheilen
Wenn doch Natur uns überlebt?

Flieder - Die alten Leute

Im Viertel die Wohnblöcke
dreistöckig, mit Eingang, Balkon und Erker
in den immer gleichen Farben
weißgrau, hellgelb, flieder

In den Jacken aus Popeline
hüftlang, mit Taschen, Paspeln und Kordeln
in den immer gleichen Farben
blaugrau, hellbeige, flieder

die alten Leute

Alte Männer tragen
kleine Hüte auf den Köpfen
gern kariert gemustert
Alte Frauen kommen
mit Haarhelm ausgerüstet
vom selben Friseur

Die alten Leute

bewegen sich alle gleich
humpeln hinkend an Stöcken oder
hinter Rädern auf krummen Beinen

Manchmal erschrecke ich:
Du mochtest Flieder.

(Neuere Häuserblöcke tragen
Rostrot, senfgelb und kobaltblau -
Ist das schon der Anstrich für meine
Generation, die als nächste antritt?)

Verschachtelt

Ein Bauklötzchenspiel
Rund ums Haus
Hier ein Anbau
Dort eine Garage oder zwei
Garten nur noch Plattenland

Ich wünsch sie mir weg
Die Quader, rechteckigen Körper
Würfle und darf zurück zum
Anfang. Vorm alten Siedlungshaus
Seh' ich den Kirschbaum blühn.

Enge

Immer wieder rechne ich zurück:
Wie viele Menschen haben früher
In dem Haus gelebt?
Zwei... drei Familien?
Wie viel Platz muss da gewesen sein!
Heute lebt darin oft nur
ein alter Mensch.

Nachbarn

Polizeiaufgebot, Notarztwagen
Auffahrt und Straße zugeparkt
Die Nachbarn wagen kaum zu fragen
Ein neuerlicher Herz-Infarkt
Wird's diesmal nicht gewesen sein -

Sie stehen stumm an Gartenzäunen
Beobachten das Raus und Rein
Wie in den allerschlechtsten Träumen
Es war zu Gast Freund Hein?
Nicht dass sie ihn erwartet hätten

Gleichwohl ein Fremder ist er nicht
Denn allzu oft ist nichts zu retten
Nur allzu gut weiß jeder hier
Am Ende steht auf dem Papier
Des Doktors Schlussbericht

Doch dann verstummen die Gedanken
Tödliche Leere macht sich breit:
Ein Doppelselbstmord –

Das sollen unsre Nachbarn sein?
So lang gewohnt am selben Ort!
Man weint, um dann ins Haus zu wanken:

Erst gestern noch man sich gesehen
Und immer nett gegrüßt herüber
Und nie gesagt was irgend drüber
Und alle einig im Bewusstsein
Was da nun Schreckliches geschehen
Hätt' niemand hier vorausgeahnt
Wo aber bleibt der Trostbereiter?
Herr Pfarrer, sagen Sie ein Wort!

Ihm drohte Pflegefall zu werden
Sie angewiesen auf den Mann
Wussten nicht, wie geht es weiter
Doch keiner wollt vom andern fort
Der Keller war ihr Zufluchtsort.

Gesichter hinter Gesichtern hinter…

Die Puppen in der Puppe
Behalten ihr Gesicht
Durch Bindung an die Gruppe
Verwandeln sie sich nicht

Die Menschen in dem Menschen
Verändern ihr Gesicht
Das ranke junge Mädchen -
Als Frau ein Schwergewicht:
Die zarten Züge sind verschwommen

Dem ältren Mann mit weißem Haar
Steht stets ein Lächeln im Gesicht
Ich weiß, dass so der Vater war
Doch du bist dieser Junge nicht –
Der kaum zum Spielen durfte kommen

Ich schau sie an und überlege
Ob ich sie nicht doch kennen muss
Wohl kreuzten unsre Lebenswege
Doch keiner hebt an zu dem Gruß –

Ein Glück: wir wollen uns
nicht wieder kennen
Im Angesicht die Wirklichkeit
lieber verdrängen

Zeitwechsel

Wenn die filigrane
Klarheit dunkler Zweige
vor dem hellen Morgen
sich verschleiert
im weiß-grünen
bräutlichen Gewand

Und Raum gibt dem
euphorischen Gefühl
aufbrechender Blüten
in Erwartung der zur
Hochzeit von weither
geladenen Gäste

Dann beginnt eine andere Zeit
Die Verlustrechnung
bleibt offen abgelegt
zwischen Seidenpapier
gepresste Vorjahresblüten

Vor dem Haus

Traurige Birke
Vor unsrer Haustür
Krumm der Krone
Gesenktes Haupt

Wie eine Witwe
Hüllst dich in Schleier
Uns zu verbergen
in Blätterfäden

Vor allzu gierig
teilnehmenden Augen

Wenn wir kommen
Und gehen

Jahrestag

Im Kalender markiert
grün: das ist der Tag
ich werd' ihn nicht versäumen
Was ich den andern auch sag
Versprechen darf man nicht brechen
Sie scheinen etwas konsterniert
Und müssen verlegen einräumen
„Ist das schon wieder ein Jahr…?!"

Wir tauchen in altes Leben ein
Ohne uns zu begegnen
schweigen gemeinsam
doch jeder für sich allein

Im Kalender markiert
schwarz nächstes Jahr
Todestag

2. Die Mutter

Roter Kaiser

Noch sind die Beete grau
Hier ein Büschel gelber Narzissen
Dort blaue Hyazinthenspitzen

Aber davor in brennendem Rot
Die kleine Tulpe
Mit dem großen Namen

Du sitzt vor dem Fenster
Trinkst
Lebensglut

Blaue Tasse 1

Plötzlich
Nur noch den Henkel
Der blauen Tasse
In der Hand halten

Eine Sache von Sekunden
Abgebrochen
Kann man so sterben

Gab es nicht angestrengte
Rettungsversuche
Etwas wie Sekundenkleber

Aber die Zeit war schneller

Es war deine Lieblingstasse
Was wird nun aus der Henkel-
losen?

Deine Handschrift

Von mir wird einmal niemand
die Zeugnisse meiner Hand
aufbewahren wollen

Wichtiges steht im PC
Dateien gespeichert als Dokument
Gesichert mittels USB

Möglich dass die neuste Version
der Software das schon
nicht mehr lesen kann

Ich aber entschlüssle die Kombination
von steilen Buchstaben in Kurrent
geschrieben von dir mit zittriger Hand

kein letzter Gruß und kein Vermächtnis
zum Gedächtnis: ein Datum, eine Uhrzeit
ein Medikament.

(Ich muss das aufheben!)

Blaue Tasse 2

Zwischen den leicht angeschlagenen
dünnwandigen Tassen und Tellern aus Porzellan
übrig geblieben aus alten Tischgedecken:
deine blaue Tasse

Deine stolze Erwerbung
aus dem Supermarkt, von Tchibo
gabst du zu, unsicher
ob ethisch korrekt oder gar
eine Geschmacksverirrung
big und bauchig, XXL
Sei sie praktisch, sagst du

mit zittriger Hand
an deinen langen Vormittagen
mitzunehmen
überallhin -

Hätte ich dich damals
nicht loben können -
Immerhin?

Mutterhände

Sind so schöne Hände
Gerade Finger bis zuletzt
Sie haben stets den guten Keim
Mit Feuchtigkeit benetzt

Sind so spröde Hände
Rau statt streichelzart
Immer war es Handarbeit
Und das jeden Tag
Grobe wie feine

Sind so trockne Hände
Vor Unbill nicht geschützt
Die Arbeit hat sie ausgelaugt
Doch uns hat es genützt

Sind so alte Hände
Vor Knittern nicht bewahrt
Die Haut ist dünn wie Reispapier
Trotz Serum vom Granat

Waffenwunder der Kosmetik
Zur lauten Muttertagsästhetik
Der Strategie des Anti-Aging
Lächelst du weise

Sind so gute Hände
Ihr Zittern lässt nicht nach
Suchen wir die Schuld dafür?

Du trägst dein Ungemach
und trauerst leise

Letzte Tage

Der Schlaf hat dich oft
übermannt, überrascht
im Sessel bei
Jauch und Pilawa

Der Kopf fiel dir dann vorn-
über: welt-entrückt
heim-gesucht
von der Müde

Dass ich manchmal schon dachte
Das ist der Bruder, der Tod
Doch dann schrecktest du auf:

Wer hat gewonnen?
Dein verschämtes Lächeln galt mir -
Fragen noch offen?

Maiveigel

Es gab Blumen, die gab es
nur bei uns im Garten
und Wörter, die wurden
nur bei uns gesagt
Du brachtest sie mit
aus der Heimat, der alten

Nach Sudetenland klang es
Dem großdeutschen Reich,
gesunken ins Dunkel
der Vergangenheit
von der man hier
nichts mehr hören wollte
außer am Samstag
im Fernsehn beim Schunkeln
„Als Böhmen noch bei Öst'reich war"

Der Sänger ist lange schon tot.
Maiveigel bleibt ein fremdes Wort.

(blüht weiß und duftet.)

Als wäre das nichts

Eigentlich konntest du alles

Mehrgängige Menüs kochen
üppige Creme-Torten backen
fein sticken und unsichtbar flicken

Der Garten war eine Pracht
voller Blumen das ganze Jahr
Gemüsebeete wie gemalt

Kinder erziehen konntest du auch
Mit Liedern durch den Tag
Die Hausaufgaben in der Küche

Einmaleins und laut lesen
Lern etwas! Sagtest du zu mir
Dein Traumberuf: Sekretärin

(Meiner wurde es nicht)

Gladiolen

Gladiolen

Glamouröse

Gladiatoren im Blumenbeet

Blätter wie Schwerter

Blüten Trophäen

Mutter

präsentierte sie in der

schlankgewölbten Vase

im Wohnzimmer auf dem

Nierentisch vor der Couch

mit den Cocktailkissen

50er Jahre Jugendstil

im Kalten Krieg

Dankbar

Deine Lieblingsblume?
Nichts, was an den Tod gemahnt
Nicht die Pompösen vom Altar
Hortensie und Chrysantheme

Auf dem langen Eichentisch
Die kleine Vase aus Kristall
Ein Sträußchen Wicken in pastell
Zartbunt und frisch

Weißling und Bläuling, Zitronenfalter
Rosa und lila Schleifchenhalter
Mit überraschend herbem Duft

Ranken sich an Zäunen hoch
Ein wenig klebrig weil fragil
Winden aus zartgrünem Stil

Schneidet man sie kräftig ab
Kommen sie sehr fleißig nach

Sagst du was du schätzt:
die dankbare Blume

Genug

ist nie genug

Ich räume deine Kommode aus
Zieh' eine volle Schublade heraus
Schächtelchen, große und kleine
in altrosa mit goldnem Rand
mir irgendwie nicht unbekannt

Angesichts des Angehäuften –
Neigtest du zu Hamsterkäufen?

Dann fällt es mir
doch wieder ein
Auf die Frage, was wir
schenken könnten immer dir
sagtest du fein
einen Duft einen schönen
dir doch recht angenehmen

So vergingen die Jahre
viele Geburts- und Feiertage

Nie sagtest du

jetzt

ist es aber genug

Mutters Schuhe

Schließlich lässt du uns zum Spielen
zierliche Slingpumps mit Bleistiftabsätzen
samtschwarzes Leder, funkelnder Strass

Auf den hohen Stilettos
stöckeln Töchter begeistert
kreischen lustvoll und kippen
schwenken Täschchen aus Seide
spitzen tiefrote Lippen
Was für ein ernsthafter Spaß!

*

Ach, die kaputten Füße!
Falsche Brautjungfer büße!

Stiefel, Halbschuh, Sandalen
kaufst du in der Herrenabteilung
zu schonen die Fersen, die Ballen

Aschenputtel nie eitel
aber Prinzen sind heikel
fordern bald die Entscheidung
Küchenherd oder Ballsaal

*

Was du mir hinterlassen
Deine Schuhe sie passen
Mir noch immer nicht!

Ich gebe das weg

Am Ende hing im Kleiderschrank
gar nicht mehr so viel
Seit Jahren hast du aussortiert
was dir nicht mehr gefiel
trotz Widerständen ausprobiert:
ich gebe das weg

Das Nötige nur blieb zurück
und gute, alte Sachen
- schade um das teure Stück –
„das müsstest du dann machen…"

Sie wollte wohl, dass ich's behalt
es aufzutragen wage
Doch ganz unmöglich ist es halt,
dass ich erklärend sage:
„Ich hab' das geerbt"

Ich gebe das weg

Bestattung

Was fehlt in deinem Kleiderschrank
die Leichenfrau hat es geholt:
dein Sonntagskleid zur Kremation -

Sie hatte grün lackierte Nägel
Zeichen des Lebens
gesetzt auf den Tod

Dein fleischliches Verwesen
unter ihren Händen
bringt mich zu spät in Not

Warum hab ich's nicht gewagt
und gefragt:
Darf ich sie anziehen?

Wandlung

Anonym willst du begraben sein
Keines Priesters segnende Hand - niemand
soll nach dem Ende anwesend sein

Kein anberaumtes Gedenketmein
Kein unvergänglicher Marmorstein
Kein goldner Name kein Kerzenlicht
Friedhofsblumen magst du nicht

Nichts. - Wie ein gottloser Materialist
für den der Tod das Ende ist
willst du dich hinwegbegeben
unter schmuckloses Gras
wie irgendwas

Dabei zähltest du auf den gerechten
Gott und die sühnende Strafe
für jene die dir…ja all die Schlechten
Menetekel des furchtbaren Jahve
Dein steter Trost: Sein ist die Rache

Statt des Granits für die Ewigkeit
wählst eingedenk eigener Fehlbarkeit
du das verwelkende Gras?
Nichts
ist
unveränderbar

Biografie 1

Kindheit auf dem Land
Flucht und Vertreibung
Mit Koffern am Straßenrand
Fremdsein in Bayern
Mit 17 in Stellung gehen
Kochen, backen, putzen, nähen
Zaghaft Beziehungen knüpfen
Ein Freund, Kriegsheimkehrer
Geteilte Erfahrungen nützen
gemeinsam nach vorne schauen
Schwangerschaft, Aufgebot
Schnelle Heirat, Wohnungsnot
Mut selber zu bauen
Zweites Kind
Garten und Haus
Drittes Kind
Geld reicht nicht aus
Putzen gehen für den Wohlstand
Waschmaschine Kühlschrank Auto
Urlaub in Italia
Ein Enkelkind ist endlich da

Krankheit - Operation geglückt

Schmerzen - Krankheit zurück

Ärzte Ärzte Ärzte

Schmerzen

Notaufnahme

Tod am Herzen

Warnung

Als deine Seele sich verschloss
im Angesicht von Deutschenhass
Gewalt, Vertreibung, Mord
der Hund zurückblieb auf dem Hof
sein Schicksal ungewiss
verlangte bellend: fort nur fort

Blieb er als Teil von dir zurück
der Kindheitsfreund, die Zuversicht
Du wurdest Pessimist

Haben wir Töchter das verstanden?
In unser unbeschwertes Sein
fiel deine depressive Haltung
oft wie ein Wermutstropfen rein -

Warum nicht? fragten wir enttäuscht
und ernteten den dunklen Blick
der ohne viele Worte sagte
Auf Erden nur nicht zu viel Glück –

Frauenschicksal

Totaloperation
Alles muss raus!
Diese Information
brachte sie dir
Erleichterung, Scham?

Dein Bett das wievielte
gleich hinter der Türe
Rosa Plastikvorhänge
fälschen intime Sphäre

Blicke kreuzen wie Dolche
Mutter und älteste Tochter
Deine: dem Los der Frauen ergeben
No surrender! halten meine dagegen

Spöttisch: Und –
War Er schon hier?
Bei dir?

Kopfschütteln.

Ahnen wir:

Auch Ihm ist es peinlich

Biografie 2

Dein Sehnsuchtsland,
die Heimat, die verlorene,
erzählte glückliche Kindheit
liegt für immer hinter dir
Kein Weg zurück
Die Gegenwart ein neuer Anfang
Es besser machen als
Heirat aus Liebe
Und Kinder unbedingt
Im Mittelpunkt die Familie
Und nichts war dir zuviel
das gepflegte Haus,
das gute Essen,
die schönen Familienfeste
Wir wussten nicht viel von dir
Später erhofftest du tapfer
Dankbarkeit und Geduld
Verständnis; vielleicht ein Opfer?
Resignation: „So ist das eben"
Ganz zuletzt aber leise:
  „So schön ist das Leben"

Verlassen und gehen müssen
Ein wiederkehrender Schmerz
den ich heut mit dir teile.

3. Das Kind

Gartenglück

Auf der Wiese hinterm Haus:
zwei mal zwei Meter
kindergroß

ein Zelt aus Decken
über der Leine
zwischen Apfel- und Birnbaum

mit Wäscheklammern
notdürftig gehalten.

Puppenbrav musste man
drin sich bewegen

essen trinken schlafen gehen -

So viele Tage hinterm Haus
auf der Wiese im Garten

Kinderspiel

Festgehalten an Ketten
fliegen
Auf und ab Körper und Beine
biegen
Aus voller Kehle
singen
Fühlen wie Vogel-
schwingen:

Erreicht das Brett den höchsten Stand
springen
Weiter als alle Zeichen im Sand

Ideale

Kornblumenblau
die Augen, das Haar
weizenblond

Dein Schönheitsideal
groß sein und natürlich

„Ein gesunder Geist..."

Ich fand das passte auf mich
Erst viel später verstand ich

und schämte mich
dafür.

Straßenkinder

Ungeteert die Straßen, Wege
füllen sich bei starkem Regen
Furchen, Löcher für uns Kleine:
die mit Stöckchen und mit Steinen
Flüsse, Dämme und Kanäle
schließen, öffnen, fluten, trocken legen

In Monaten ohne „R" im Namen
Laufen wir barfuß, durch Wasserlachen
durch den Regen in nassen Sachen und lachen
mutwillig, weil zwischen Blitz und Donner
immer mehr Zahlen zu zählen waren

Die Straße das Spielfeld für Völkerball
Wer wollte nicht bei „Amerika" sein?
Ballwechsel wie das Glück im Kriege
Memmen waren zum Abschuss frei
Heiß umkämpft die deutschen Siege
Alle Konflikte entlang der Grenzlinie
enden in lautem Geheul und Geschrei

Schimpfen der Eltern beim Abendbrot
die Kindergesichter erhitzt und rot
mit tauben Ohren noch immer im Kriege:
Es war nicht der Abend aller Tage!

Und nirgendwo ein Verkehrsgebot
30 den Kindern zuliebe

Schulzeit

Drei Lehrerinnen erinnere ich
in Kriegerwitwenschwarz.
Tag um Tag ein blasses Gesicht
die Stimme rau vor Schmerz
und Augen rot vom Weinen
sodass wir Kleinen
eingeschüchtert und klamm
vom „*Totenhemdchen*" hören.
Vom Kind, das nicht zur Ruhe kam
weil Mutters Tränen Nacht für Nacht
sein weißes Hemdchen nass gemacht:
Die Toten soll man nicht stören!

Später wird Politik gemacht:
Wider das Vergessen!

Einzelner Kummer, vieler Schuld -
Wer will Verantwortung messen?
Auch wenn wir es später zu wissen meinten.

Ich liebte die Lehrer, die weinten.

Sonnenräder

Tausend strahlend gelbe Sonnen
leuchten am sattgrünen Himmel
Räderrunde Blütenkreise
stürzen mich in helle Wonne

Pflücke jauchzend Arme voll
unbedacht, wie braune Flecken
von der Milch, der guten, weißen
kommen auf das Sonntagsschürzchen

Muss die grad noch freud'gen Händchen
hinterm Rücken fest verstecken
Schuldbewusst

Die Großen schelten -
Nicht gewusst - !
Das soll wohl gelten?

Kommunion

(gewidmet meinen Großeltern)

Weiß-gelbe Hügel, rötlicher Saum,
Hahnenfuß und Wiesenschaumkraut
Sauerampfer zusammen geschaut
Blütenmeer vom Wind gebraut

Weizen, Gerste und Roggen,
Schilfgrün schimmernde Wogen
glänzende Wellen die rollen
seidig gestreichelt vom Wind
sturmgepeitscht wenn Donner grollen

Stoppelfelder im Herbst
die riesigen Mähdrescher Schiffe
im Schlepptau die Kinder, die Armen
Sie lesen die Ähren, Brosamen
und folgen wie Möwen der Fähre

Der Winter kommt grau
matt die Wiesen, brach die Felder

draußen wird es immer kälter
drinnen geht man froh zu Tisch

Das Wunder geschieht
mit Brot und Fisch[1]

---

[1] Veröffentlicht unter dem Titel „Grünes Wunder" in der Frankfurter Bibliothek „Gedicht und Gesellschaft" 2014.

Rauchzeichen

Plötzlich an einem lauen
Frühsommerabend vertrauter
Rauch liegt in der Luft
Grillzeit

Glühende Holzkohle
Tropfende Bratwurst
Verbreiten von nebenan ihren Duft
Grillabend

Später dann Stimmen
Leises Gemurmel, dann lauter
Lachen, der Grillmeister ruft
Grillparty

*

Erinnerung an die gedeckte Tafel
unter dem gelben Papierlampion
weiß-blau kariert, rot Becher und Töpfchen
Grillfest

Köstlich das Selbstgemachte, schon Tradition
Mutters berühmter Kartoffelsalat
Himmlischer Zuspruch vom Moseltröpfchen
Grillfreuden

Schlusssequenz. Vater und Mutter
bleiben stets ratlos zurück
starren stumm ins verglühende
Grillfeuer

4. Widersprüche

Sterben geht nicht 1

Wer weiß die letzte aller Fragen
zu beantworten:

Stirbt der Tote erst mit den Über-
lebenden?

Aber wenn du doch gelebt
hast - solange wir leben
wissen wir das –
Wer weiß dann, dass du
wirklich tot bist
weil wir starben?

Zeit und Raum

Früher flogen wir
Von hier nach Übersee
Immer weiter
Und machten die Welt
Zum globalen Dorf

Später reisten wir körperlos
Von Stunde zu Sekunde
Immer schneller
Und machten die Zeit
Zur Allgegenwart

Heute kommen wir
Überall hin: es genügt schon der
Klickende imperative Gedanke

Was für ein großes kleines
Ewig endliches Leben!

*

Sind wir noch Menschen
Wesen erkennend in
- das war die Prämisse -
Zeit und Raum
Oder schon Götter?

Sterben geht nicht 2

Ist Raum ohne Zeit
zu denken und
Zeit ohne Raum?

*

Gestorben, bist du bald
körperlos und also auch ohne Ort?
Überall und nirgends?

Gestorben, bist du sogleich
zeitlos und also auch ohne Gegenwart
Vergangenheit, Zukunft?

Der tote Mensch -
allerorts allgegenwärtig

Beziehung

(E/Älter(e)n gewidmet)

Sitzen zwei da oben
Eng beieinander
Ein Pärchen am Abend
Mit Blick ins Land
Vom Berg bis zum See
Stecken die Köpfchen zusammen
Meist aber sitzen sie stumm
vogeleng beieinander
Einvernehmlicher Akt
auf dem elektrischen Hochseil
Ganz ohne Netz

während ich atemlos
auf runden Sohlen
mit wirbelnden Stöcken
und wechselnden Partnern
unten vorbeiziehe

Die Vogelbeere

In meinem grünen Garten
steht auch ein Zauberbaum
drin sitzt mein schönster Jugendtraum

Will gerne auf Erfüllung warten
muss lange auf die Blüten hoffen
die weiß sich voller Unschuld wandeln

zu kleinen grünen Apfelfrüchten
Noch lässt der Engel mit sich handeln
erklären wir die Frucht zur Beere
Noch scheint das Paradies mir offen

Von lichtdurchlässiger Gestalt
die Blätter reich gefiedert
Der hohe Vitamin-Gehalt
der Beeren lockt zum Wildern

die dunklen Vögel an und bald
sind aufgezehrt die roten Dolden
Erfüllungen die kommen sollten
fremd abgeerntet vor dem Frost

Es reichte nicht zur letzten Süße
So geht es Wünschen fort und fort
die lange Zeit verbüßen[2]

---

[2] Veröffentlicht in „Lyrischer Lorbeer" 2013.

An den Mond[3]

Unruhe treibt mich hinaus
Unter den offenen Himmel
Fliehende Wolken in Fetzen
Kreisrund der lächelnde Mond

Worauf nur willst du hinaus?
Bin gleichfalls voll im Getümmel
Lass von den Hunden mich hetzen
Smileys zu finden gewohnt

Dir ist das Ziel inhärent
Absoluter Vollender
Alter Vervollkommnungslehre
Letzter treuer Anhänger
*
Newmoon als Experiment:
Wage den Sprung in die Leere
Wer sein Telos nicht kennt
Findet das Periphere

---

[3] Dieses Gedicht ist gewidmet der Klasse, die 2012 an der Freien Waldorfschule Chiemgau Abitur machte!

Inhalt

Titel der Gedichte   **Seite**

1. Wiederkehr   4

Heimkehr 1	4
Heimkehr 2	5
Heimkehr 3	6
Aber wer glaubt sich	7
Heimkehr 4	8
Perspektiven	9
Erinnerung	10
Trauer	11
Strukturwandel	12
Misslungen	14
Flieder – Die alten Leute	15
Verschachtelt	17
Enge	18
Nachbarn	19
Gesichter hinter Gesichtern hinter	21
Zeitwechsel	23
Vor dem Haus	24
Jahrestag	25

2. Die Mutter — 26

Roter Kaiser	26
Blaue Tasse 1	27
Deine Handschrift	28
Blaue Tasse 2	29
Mutterhände	30
Letzte Tage	32
Maiveigel	33
Als wäre das nichts	34
Gladiolen	35
Dankbar	36
Genug ist nicht genug	38
Mutters Schuhe	40
Ich gebe das weg	42
Bestattung	43
Wandlung	44
Biografie 1	46
Warnung	48
Frauenschicksal	49
Biografie 2	51

3. Das Kind — 53

Gartenglück	53
Kinderspiel	54
Ideale	55
Straßenkinder	56
Schulzeit	58
Sonnenräder	59
Kommunion	60
Rauchzeichen	62

4. Widersprüche **64**

Sterben geht nicht 1 64
Zeit und Raum 65
Sterben geht nicht 2 67
Beziehung 68
Die Vogelbeere 69
An den Mond 71